Johannes Lenz
Das Vaterunser

Johannes Lenz

Das Vaterunser

Beten lernen
mit der Bergpredigt

 Verlag Urachhaus

ISBN 978-3-8251-7578-8

Erschienen 2007 im Verlag Urachhaus
www.urachhaus.com

© 2007 Verlag Freies Geistesleben & Urachhaus GmbH, Stuttgart
Umschlaggestaltung: Ursula Weismann
Umschlagbild: Rembrandt van Rijn, Christus als Lehrer,
Kreidezeichnung, 1634, Haarlem, Teylers Museum
Gesamtherstellung: AALEXX Druck GmbH, Großburgwedel

Inhalt

Einleitung 7

Die Komposition der Bergpredigt 11

Die Gebetsanweisung 17

Das Vaterunser 31
   Inhalt und Komposition des Vaterunsers 31
   Die Anrede 33
   Die Dreiheit der Sätze zur göttlichen Welt 37
      Geheiligt werde dein Name 37
      Dein Reich komme zu uns 39
      Dein Wille geschehe,
      wie oben in den Himmeln also auch auf Erden 41
   Die Vierheit der Sätze zu Mensch und Erde 43
      Unser alltägliches Brot gib uns heute 43
      Und vergib uns unsere Schulden,
      wie auch wir vergeben unseren Schuldigern 47
      Und führe uns nicht in Versuchung 49
      Sondern erlöse uns von dem Bösen 53
   Die Doxologie 56

Ausklang 59

Anmerkungen 61

Einleitung

Im Schrifttum der Christengemeinschaft hat das Vaterunser als Gebet der Christenheit immer starke Beachtung erfahren. Friedrich Rittelmeyer hat ihm ein eigenes Buch gewidmet, das 1998 in der sechsten Auflage erschienen ist: *Das Vaterunser – Ein Weg zur Menschwerdung*. Hans-Werner Schroeder veröffentlichte 1977 (2. Auflage 1981) das umfassendere Buch: *Das Gebet – Übung und Erfahrung*, in dem er auf das Vaterunser eingeht. Arie Boogert ließ eine Arbeit zum *Vaterunser als Lebenshilfe – Wege zu einer neuen Kultur des Betens* folgen (Stuttgart, 1996).

Ist es da sinnvoll, noch eine weitere Studie zu veröffentlichen? Der Anlass war für mich das Kompositionsgeheimnis der Bergpredigt nach Matthäus, Kapitel 5–7.[1]

Innerhalb der Vertiefung und Wandlung der Zehn Gebote des Alten Testamentes in die zehn Weisungen des Neuen Testamentes, die in der sogenannten Bergpredigt vorgenommen wird, nimmt die Stiftung des Vaterunsers die siebte Stelle ein. Wie in der Literatur zum Vaterunser schon öfter beschrieben, setzt sich das Gebet selbst wiederum aus einer Siebenzahl von Grundaussagen zusammen. Weniger beachtet wurde bisher aber, dass der Stiftung des Vaterunsers als Gebet eine Lehrunterweisung – Didache – vorangeht, die ebenfalls eine siebenfache Gliederung aufweist.

Jesus Christus lehrt also zunächst die Methode des Betens und beantwortet die aktuelle Frage: *Wie* können wir, *wie* kann ich beten? Dann gibt er den Inhalt dazu und beantwortet die Frage: *Was* kann ich beten? Diesen beiden

Abschnitten des siebenten Teiles der Bergpredigt – Methode und Inhalt des Gebetes – ist die vorliegende Schrift gewidmet. Sie soll dem unausschöpflichen Thema einen Gesichtspunkt hinzufügen, der meiner Wahrnehmung nach weniger beachtet worden ist. Der Leser sei aber mit Nachdruck auf die anderen Arbeiten hingewiesen.

Das Vaterunser – in seinem Wortlaut und Inhalt von Jesus Christus selbst gestiftet – ist das zentrale Gebet der Christenheit. Bis heute eint es fast alle Gemeinschaften und Kirchen, die mit Jesus Christus als Mensch und als Gott Wesentliches verbinden.

Das Gebet ist das grundlegende Phänomen der Religion. Alle religiöse Praxis mündet ins Beten ein, ohne Gebet ist Religion sinnlos. Der evangelische Mystiker Johann Arndt betont: »Ohne Gebet findet man Gott nicht; das Gebet ist ein solches Mittel, dadurch man Gott suchet und findet.«[2] Novalis stellt fest: »Beten ist in der Religion, was Denken in der Philosophie ist. Beten ist Religion machen. Der religiöse Sinn betet, wie das Denkorgan denkt.«[3] Und schon bei Thomas von Aquin heißt es: »Gebet ist im eigentlichen Sinn die Betätigung der Religion« *(Oratio est proprie religionis actus.)*[4]

In der religiösen Praxis der Christengemeinschaft ist das Vaterunser als zentrales Gebet der Gemeinde in den Vollzug der Menschenweihehandlung bzw. in das Altarsakrament einbezogen. Es wird nach dem Vollbringen der Wandlung und vor Beginn des vierten Teiles, der Kommunion, gesprochen. Durch das gemeinsame Vollziehen des Sakramentes erhält das Vaterunser eine erhöhte und erhöhende Kraft.

Als Gemeinschaftsgebet befruchtet das Vaterunser das Beten des Einzelnen. Denn abgesehen von seiner Stellung in der Liturgie ist es das Gebet des Christen auch dann, wenn er allein ist. Der einzelne Beter stärkt wiederum das Gebet in der Gemeinde. Ich und wir, der Einzelne und die Gemeinde ergänzen, befruchten und stärken einander.

Denken wir den Vorgang vom Geiste her, dann lebt sich das Wort Jesu Christi sowohl in der Gemeinde wie im einzelnen Christen auf dem jeweiligen seelischen Schauplatz ein. Das Gebetswort Christi erfüllt die Seele der Gemeinde wie die Seele des Gläubigen.

Die Komposition der Bergpredigt

Um die Bedeutung des Vaterunsers im Zusammenhang der Bergpredigt würdigen zu können, bedarf es eines Blickes auf die Komposition derselben.

Sie setzt ein mit dem Motiv: »Als er die Scharen sah, ging er auf den Berg« (Matthäus 5,1). Das Auge Gottes ruht auf den Menschen. Er sieht ihren Zustand der Gottverlassenheit, in dem sie nach dem Fall aus dem Paradies unten auf der Erde – in einem Bild des Neuen Testamentes gesagt – in der Wüste angekommen sind. Eine Wiedererhebung der gefallenen Menschheit ist notwendig. Jesus Christus antwortet nach seiner Wahrnehmung und Diagnose durch den Schritt auf den Berg.

Es ist nicht »ein« beliebiger Berg, wie es noch bei Luther oder in der Einheitsübersetzung heißt, sondern »der« Berg.[5] Ein Ort der Höhe, eine Höhenperspektive, eine Höhenpsychologie ist nötig als Hilfe; die Bergpredigt ist also die helfende Antwort auf die Not der Zeit.

Sie beginnt mit den Seligpreisungen als Verheißung, dass das Reich der Himmel im Innersten der Menschen aufgehen wird. Dann erfolgt der Zuspruch Jesu an die ihn umstehenden Jünger und somit an alle Christen: »Ihr seid das Salz der Erde ... Ihr seid das Licht der Welt« (Matthäus 5,13–14). Eine grundsätzliche Ausführung zum Gesetz und seiner Erfüllung schließt sich an (Matthäus 5,17–20).

Dann beginnt Jesus Christus, in gewaltigen Schritten die Zehn Gebote des Alten Testamentes in die zehn Richtkräfte des Neuen Testamentes zu verwandeln. Einst waren Mose auf dem Berge Sinai die Zehn Gebote des Alten Bundes durch Gott geoffenbart worden zur »Erziehung des Menschengeschlechts«[6]. Der Formkraft des Gesetzes stand der jüdische Kultus gegenüber – die Lebenskraft Gottes. Nun offenbart der Mensch gewordene Gott die Erfüllung der Gebote mit christlichem Geist.

1. Das Gebot »Du sollst nicht töten« wird nach innen verlegt. Wer in drei unterschiedlichen Weisen dem Mitmenschen seine Würde, seine geistige Existenz und die Einmaligkeit seines Ich abspricht und verleugnet, mordet auf geistige Weise (Matthäus 5,21–26).
2. Das Gebot, nicht die Ehe zu brechen, vertieft sich bis in den Bereich der Ursachen jedes Ehebruchs – den Menschen nur nach Gattung und Geschlecht zu sehen und nicht nach seiner Personhaftigkeit (Matthäus 5,27–32).
3. Die Schwur- und Eideskraft soll einziehen in das klare und eindeutige Ja oder Nein. Der Schwur hat vorchristlichen Charakter, weil er noch bei Gott, außerhalb des Menschen geleistet wird (Matthäus 5,33–37).
4. Das alttestamentliche Gesetz des *talio*, Auge um Auge, Zahn um Zahn, Blut um Blut, verwandelt sich in die christliche Haltung, dem Bösen nicht zu widerstehen, sondern in fünf Schritten die Herzensseite, das Verstehen, das Sinnfinden – also die linke Backe – den Schlägen entgegenzuhalten, die einen durch die zu starke Verstrickung in die Sinnenwelt – also auf die rechte Backe – treffen (Matthäus 5,38–42).[7]
5. Die Nächstenliebe wird durch das ideale Ziel der Fernstenliebe ergänzt (Matthäus 5,43–48).
6. Wie wird diese Liebe nun auch wirtschaftlich konkret? Durch Wohltun im Verborgenen (Matthäus 6,1–4):

»Wenn du Wohltätigkeit übst, soll deine Linke nicht wissen, was die Rechte tut ...«

7. Der siebte Teil bringt nun das Gebet (Matthäus 6,5–15). Dabei ist bewegend und aufschlussreich, dass Jesus Christus erst die Frage beantwortet: »Wie können wir beten?«, um in einem zweiten Schritt mit der Stiftung des Vaterunsers die Frage zu beantworten: »Was können wir beten?«.

Nicht umsonst ist es die siebte Stufe der zehn Berg-Orientierungen, in denen Jesus die Jünger und durch sie die Menschheit herauführt, denn die Bergpredigt ist von spirituellen Kompositionsgeheimnissen und geistigen Gesetzmäßigkeiten durchdrungen.

Die Tatsache, dass das Gebet in der Bergpredigt an siebter Stelle behandelt wird, sowie die Siebenzahl der methodischen Anweisungen zum Wie des Betens und die Siebenzahl der Grundaussagen im Vaterunser, betonen sich wechselseitig.

Die Siebenheit drückt eine Vollkommenheit aus, die aus sich heraus – ganz deutlich wird das z.B. in der Oktave – eine Entwicklung beschließt. Von den sieben Weltentagen, mit denen das Schöpfungswerk Gottes beginnt, über die sieben Farben des Regenbogens, der Bild und Zeichen des Alten Bundes ist (1. Mose 9), bis zu den sieben Sakramenten, welche die Wiederverbindung des Menschen mit der geistigen Welt erschließen, spricht sich diese spirituelle Gesetzmäßigkeit aus.

8. In dem folgenden achten Abschnitt geht es um das Fasten, also eine veränderte Lebensweise bis in die Ernährung hinein, die sich aus dem Beten ergibt – und nicht, wie häufig angenommen wird, als Voraussetzung dafür praktiziert werden soll (Matthäus 6,16–18).

9. Worauf soll der Wille gerichtet sein? Vom Sammeln der irdischen und damit vergänglichen Schätze weg zum Sammeln der geistigen und damit unvergänglichen Schätze hin soll der Mensch sich wenden (Matthäus 6,19–34).
10. Worauf soll das Denken sich richten? Die Wandlung der kritischen und richtenden Urteilskraft in eine anschauende ist das neue Ziel für das denkende Bewusstsein (Matthäus 7,1–5).

Nach diesen zehn Orientierungen, wie die alttestamentlichen Gebote christlich erfüllt werden sollen, folgt eine grundlegende Aussage zum Wesen des Gebetes: »Bittet, und es wird euch gegeben; suchet, und ihr werdet finden; klopfet an, und es wird euch aufgetan« (Matthäus 7,7). Der dreifachen Haltung der Seele – zu bitten, zu suchen und anzuklopfen – antwortet die dreifache Verheißung: der gnadenhaften Gabe, des Findens und des Öffnens der Pforte und damit des Zuganges zur geistigen Welt.

Das Zielbild der Bergpredigt ist die enge Pforte, auf die nun hingewiesen wird (Matthäus 7,13–14). Im Sakralbau bei allen Kirchen als Zugang zum Weiheraum, dem »Weltinnenraum«[8], entsprechend gestaltet, zeigt sie auf, dass nicht weite, breite und bequeme Wege den Zugang zur geistigen Welt erschließen, sondern der enge und schmale Weg der Mühe und der geistigen Anstrengung.

Eine Warnung vor den falschen »Propheten«, all den Gurus, die einen raschen spirituellen Erfolg versprechen, ohne die mühevolle Wandlung des Menschen zu betonen, schließt sich an (Matthäus 7,15–20). Die Regel Goethes: »Was fruchtbar ist, allein ist wahr«, entstammt diesem Passus der Bergpredigt. Alle Versprechungen und Meditationsverheißungen sind auf ihre Fruchtbarkeit im Leben zu prüfen.

Mit einem Hinweis auf die Wiederkunft Christi mündet die Bergpredigt in ihren Schluss ein. Die höhere Wesens-Gegenwart, griechisch die »Parusia«, entspricht genau dem Schlusssatz des Matthäus-Evangeliums: »Und siehe, Ich bin bei euch alle Tage bis zur Vollendung der Erdenzeit« (Matthäus 28,20). Der Begriff Wiederkunft legt die Vorstellung nahe, Christus sei da gewesen, er sei fort und er komme wieder – im Englischen heißt es gar das »zweite Kommen«. Das entspricht jedoch nicht dem Geist des Neuen Testamentes, denn Christus ist an jedem Tag gegenwärtig – allerdings auf einem Höhenniveau der menschlichen Erfahrung, das einen bewussten Akt der Erhebung und Zuwendung voraussetzt. Die drei Stufen, die zu dem christlichen Altar als dem Ort der Gegenwart Christi heraufführen, sind ein Bild für das Emporsteigen zum »erhöhten Ort«.

Der gegenwärtige Christus, der sich in der Bergpredigt ausspricht, betont, dass das Lippenbekenntnis nicht ausreicht. Nur wer den Gotteswillen in seinen eigenen Willen aufnimmt, wer sich mitverantwortlich fühlt, dass der Wille Gottes nicht nur in den Himmeln, sondern auch durch uns Menschen auf Erden geschehe, der kann, von Christus erkannt, ihm begegnen. Die Wirklichkeit des Gebetes, die willenshaft geübte Religion, sie schafft die Voraussetzung der Wesensbegegnung von Menschenseele und Gottesgeist. Sonst würde das ernste Wort Christi gelten: »Ich kenne euch nicht. Weg von mir, ihr Übertreter des Gesetzes« (Matthäus 7,23).[9]

Das Doppelbild vom Bauen des Hauses auf Felsengrund durch den klugen Mann und dem Bauen des Hauses auf sandigen Grund durch den törichten bildet den Schluss.

Worauf gründet der Mensch? Auf welchem tragenden Grund lebt er sein Leben? Wie sehen die Fundamente seiner Existenz aus? Der Felsgrund des christlichen Bekenntnisses, auf dem gebaut werden kann, lässt den Menschen in den Stürmen des Lebens bestehen.

Der Blick auf das Ganze der Bergpredigt und ihre künstlerische Komposition hat uns gezeigt, dass das Vaterunser und die Methode, wie es gebetet werden kann, einen zentralen Ort darin einnehmen. Ja mehr noch: Sein Inhalt, seine Wirkung sind ein Schlüssel dazu, dass die Reiche der Himmel in den Menschen kommen, dass der Mensch Bürger der geistigen Welt werden kann. Das Vaterunser erfüllt den Geist der Bergpredigt.

Die Gebetsanweisung

»Und wenn ihr betet, sollt ihr nicht sein wie die Scheinheiligen; sie stellen sich gern in den Synagogen und an den Straßenecken auf und beten dort, um von den Menschen gesehen zu werden« (Matthäus 6,5).

Vor dem Beginn der eigentlichen Gebetsunterweisung steht eine Warnung. Die religiöse Übung ist durch die Heuchelei gefährdet. Die innere Wahrhaftigkeit weicht dem So-tun-als-ob; sowohl im Gebetsraum als auch in der Öffentlichkeit wird der Blick auf andere Menschen wichtiger als der Aufblick zu Gott. Jede Zurschaustellung, jedes Vermissen der Intimität und schutzbedürftigen Heiligkeit gefährdet das Gebet des Einzelnen wie der Gemeinschaft. Zur Hygiene des Gebetslebens und zur geistigen Gesundheit gehört das Beachten dieser Warnung, die am Anfang der Unterweisung steht. Sie wird noch im Plural gesprochen und wendet sich an die vielen. Sie schafft die innere Schutzzone, um das »Heilige nicht den Hunden« – den Zynikern – vorzuwerfen (Matthäus 7,6).

Und nun taucht vor dem Auge Jesu Christi und seiner Rede das Gegenüber jedes einzelnen Menschen auf. »Du aber, wenn du beten willst« – was atmet dieses erste Motiv der Unterweisung? Sooft, jedesmal wenn du – Jesus Christus spricht also das Du im Menschen an. Er achtet die personale Würde und die innere Freiheit seines Gegenübers. Hat Beten einen Sinn, wenn es um die Erfüllung eines Gebotes, die bittere Pflichtübung eines Gesetzes geht? Martin Luther schrieb aus reformatorischem Geist *Von der Freiheit eines Christenmenschen*, Rudolf Steiner veröffentlichte 1894 *Die Philosophie der Freiheit. Grundzüge einer modernen Weltanschauung*. Wer heute den Entschluss fasst, ein Beter zu werden, das Gebet in das eigene Leben einzubeziehen, sollte es aus dem Geist der Freiheit tun. Kein »Du sollst« oder »Du musst« steht hinter dem Entschluss. Christus spricht im Johannes-Evangelium vom »Wohnen in seinem Wort«, wie das Beten eine gute »Ge-wohnheit« werden kann und wir im Wortlaut des Gebetes »Wohnung« nehmen können. Darin erweist sich die Schülerschaft der Menschen – »und ihr werdet die Wahrheit erkennen, und die Wahrheit wird euch frei machen ...« (Johannes 8,32).

Der Geist der Freiheit ist die Lebensluft um und durch das Gebet. Jedes Gebot, jedes Gesetz, jede Gebärde, die Knechtschaft und Unfreiheit der Seele bewirken, weichen vor der Zwiesprache, die Christus mit jedem Du führt.

»Geh in deine Kammer« (Matthäus 6,6). – Ist der Entschluss in Freiheit gefasst, dann ist der nächste Rat jener, eine Verinnerlichung zu üben: Das Hineingehen in das innerste Gemach steht am Anfang. »Nach innen weist der geheimnisvolle Weg«, sagt Novalis.

»Gehen« weist auf einen aktiven, bewussten Vollzug. Wir leben normalerweise »draußen«, in der Exoterik. Kaum sind wir am Morgen erwacht, sind wir ganz in der Sinneswelt, ganz da. Augenblicke der Verinnerlichung, des Eingehens ins Esoterische, treten nicht von allein auf. Dazu bedarf es des bewussten Schrittes. Ziel dieses Gehens ist das *tameion*. Es ist die fensterlose Vorratskammer eines Bauernhauses. In ihr lagert das Saatgut. Haben wir nicht mit den vier Kammern des Herzens in uns einen Ort, den wir aufsuchen können, und in dem unser wahres Wesen zu Hause ist?

Beten heißt also zunächst Einkehr bei uns selbst, hineingehen und suchen, damit wir uns in uns selber finden. Was tut der Zeitgenosse nicht alles, um sich zu zerstreuen? Würde ein Bauer sein Saatgut einfach zerstreuen oder erst nach gezielter Bearbeitung des Ackers sorgsam säen? Wie selten suchen wir das Vorratshaus des Herzens auf, konzentrieren uns, sammeln uns, gehen hinein in das Wesenszentrum unseres Selbstes! Nicht um durch die Verinnerlichung das Äußere zu verlieren – nein, um die Gleichgewichtslage zwischen außen und innen, Exoterischem und Esoterischem zu finden, um Ich und Welt in einen gesunden Wechselrhythmus zu bringen.

»Geh in deine Kammer« ist der Unterweisung zweiter Schritt. Er führt in die Mitte unseres Wesens, in das Herz hinein.

»Schließe deine Türe zu«. – Wer in die Kammer seines Herzens eingetreten ist, schickt sich an, den nächsten Akt der Vorbereitung zu vollbringen. Dem Hineingehen als Verinnerlichung folgt das Abschließen. Der Heranwachsende mag sich dankbar an den Augenblick erinnern, als ihm ein eigenes Zimmer zuteil wurde: eine Kammer, eine Bude, ein Raum des Alleinseins, der auch ein Zurückziehen und Abschließen von den anderen erlaubt.

Der Mensch findet an seinem Haupt, so wie er geschaffen ist, sieben »Türen«: zwei Augen, zwei Ohren, zwei Nasenlöcher, einen Mund. Durch diese Türen verbindet er sich mit der Welt. Das Sehen durch die Augen eröffnet die Welt des Sichtbaren, die Ohren erschließen uns die Welt des Hörbaren, Töne, Laute, Geräusche. Das Riechen und Schmecken durch die Nase gibt uns den Zugang zur Welt der Gerüche, Aromen, Düfte. Der Mund als Organ des Sprechens kann offen sein zum Sprechen des Wortes Christi, er kann geschlossen sein für das eigene Wort.

Bei der Vorbereitung zum Beten mag es ein ganz bewusst getaner Vorgang sein:

Ich schließe beide Augen. Damit verabschiede ich mich von der umgebenden sichtbaren Welt. Ich wende die Kraft, die beim Sehen nach außen, zur Welt hin gerichtet ist, nach innen. Eines Tages vermag das Beten zum Schauen führen. Hatten nicht schon die Griechen die Ideen der geistigen Welt »Idea«, das Geschaute, genannt? Die Wachheit der Wahrnehmung bleibt, auch wenn die Augenlider nun geschlossen sind.

Ich schließe die Ohren. Das ist wohl schwieriger, denn der Hörsinn ist innerlicher als der Sehsinn. Für die Welt der Geräusche sind wir empfindlicher. Sich bewusst von allem äußerlich Hörbaren abzuschließen, setzt ein Mehr an innerer Wachheit und Willenskraft voraus. Heutige Wohnungen und der ständig uns umtönende Lärm haben einen hohen Pegelstand erreicht, die Mechanisierung der Wort- und Tonwelt tut ein Übriges, ungefragt in unsere Kammer einzudringen. Doch wer das Schließen der Ohren übt, kann sein Hörvermögen nach innen jenem Wort-laut zuwenden, der dann durch das Sprechen des Gebetes hörbar wird.

Mit dem Verzicht auf das Hören nach außen richten wir gleichzeitig unser Vertrauen auf das Ohr Gottes. Mit dem Beten hoffen wir ja auf Er-hörung. Die Gottheit vermag aufzunehmen, was zu ihr hin gesprochen und gebetet wird. In Rilkes 18. Sonett an Orpheus heißt es:

Hörst du das Neue, Herr,
dröhnen und beben?
Kommen Verkündiger,
die es erheben.
Zwar ist kein Hören heil
in dem Durchtobtsein,
doch der Maschinenteil
will jetzt gelobt sein ...

Dringt die Welt der dröhnenden und bebenden Geräusche einer Großstadt an die Ohren des Herrn? Unsere Ohren sind ihnen jedenfalls preisgegeben, Ruhe und Stille selten geworden und müssen bewusst aufgesucht oder erzeugt werden. Für den Beter ist die Umwendung des Hörens vom Äußeren hin zum Inneren notwendig. Ruhe und Stille sind die Lebenskraft des Gebetes.

Ich schließe die Nase – wie steht es mit der Welt der Gerüche? Im Orient zündet man Räucherstäbchen an, um das Bewusstsein durch betäubenden Wohlgeruch in einen anderen Zustand zu versetzen, der die Tendenz zur Trance in sich trägt. In unserer Welt ist ein großer Industriezweig damit befasst, durch Duftstoffe und Aromen in Form von Parfüms Menschen und Dingen von außen einen Geruch hinzuzufügen, den sie von sich aus nicht haben. Wie schließe ich mich von all diesen Düften und Gerüchen ab? Zum bewussten Akt des Schließens der Türe mag gehören, dass auch die Welt des Geruches und Ruchbaren aus dem Innenraum des Herzens verwiesen wird. Könnte es außerdem nicht sein, dass die ablenkende Wirkung der Gerüche ersetzt werden kann durch etwas, das dann für die Gottheit wie ein Wohlgeruch wahrnehmbar wird?

Ich schließe den Mund – und will doch das Gebet sprechen? Ja, ich schließe ihn zunächst für die Fülle dessen, was ich von morgens bis abends sage. Wir leben heute in einer Inflation der Worte. Mechanisch übertragene Worte durch Presse, Rundfunk, Fernsehen dringen auf den Leser und Hörer ein. Was sagen sie wirklich? Welche Wahrheit erreicht uns durch das Wort? Und was verbreite ich durch meinen Mund um mich herum? Schließen wir den Mund, um das Gotteswort in uns aufzunehmen, das Jesus Christus auf dem Berge vorgesprochen hat? Nur das eigene Schweigen schafft die innere Voraussetzung dafür, dass Gott in uns zu Wort kommen kann. Wer das Vaterunser betet, nimmt das Wort Jesu Christi in den Mund. Was er den Jüngern und der Menschheit vorgesprochen hat, spricht der Betende nach. Er achtet sorgfältig darauf, dass der Wortlaut Christi rein und deutlich gesprochen wird. Das setzt die Zurücknahme des eigenen Sprechens oder gar des Plapperns »wie die Heiden«[10] voraus.

Alle sieben Türen zur Außenwelt sind nun geschlossen. Die Kammer des Herzens ist bereitet, und ich selbst bin durch die einzelnen Schritte voll bewusst hineingegangen.

Die vierte Anweisung in der Methode des Betens lautet: »... und bete zu deinem Vater, der im Verborgenen ist«. Zum Wesen des Gebetes gehört die Beziehung zu einem personhaften Gegenüber. Das Ich des Betenden oder die Gemeinschaft der Betenden wendet sich zu Gott als Person und Gegenüber. Das heißt, der geistige Urgrund der Welt wird als Vater angesprochen, und zwar vor dem Hintergrund einer Weltanschauung, in der das Verborgene, das Okkulte eine wesentliche Seite des Lebens und der Welt darstellt.

In der Version des Vaterunsers nach Lukas ist das Gegenüber in der Anrede schlicht »Vater« (*Abba*). Der Apostel

Paulus schreibt der Gemeinde in Rom, dass Christen aus dem Geist der Sohnschaft heraus Gott anrufen: »Abba, du Vater« (Römer 8,15). Und im Brief an die Galater sagt er, dass die Glieder der Gemeinde die Sohnschaft empfangen haben, und »weil ihr jetzt Söhne seid, hat Gott den Geist seines Sohnes in unsere Herzen gesandt; er ruft: Abba, Vater!« (Galater 4,5–6). Matthäus fügt in seiner Wiedergabe des Gebetes dem »Vater« das »Unser« hinzu. Bei ihm wird das Vaterunser zum Gebet der Jünger, der christlichen Gemeinde, der Christenheit. Betet es der Einzelne, dann betet er es als Mitglied des größeren Ganzen.

Was aber ist die Voraussetzung dafür, dass Menschen sich als Söhne, als Kinder Gottes fühlen lernen? Wie komme ich als Bürger des 21. Jahrhunderts dazu, den Seinsgrund der Welt, der allem Sichtbaren und Unsichtbaren, allem Geistigen und Physischen subsistiert, als Vater anzusprechen? Setzt das nicht voraus, dass ich mich selbst als Gottes Geschöpf empfinde – von ihm und durch ihn ins Dasein gerufen? Sind mein leiblicher Vater, der mich zeugte, und meine Mutter, die mich empfing, Schöpfer meines Lebens oder waren sie Werkzeug für göttliche Weltenkräfte, die Leben schenken?

Am Anfang des natürlichen Lebens steht die Zeugung. Deswegen fängt das Neue Testament in seinem ersten Evangelium nach Matthäus mit den dreimal vierzehn Generationen an, die durch Zeugung von Abraham über David bis zu Jesus hin einen Erbstrom bilden und die Geburt Jesu ermöglichten.

Am Anfang eines übernatürlichen Lebens steht eine Über-zeugung. Schaffe ich mir als denkende Person einen Zugang zur Welt der Ideen und bilde ich mir Ideale aus, die meine natürliche Existenz nach der Seite des Geistes ergänzen, dann bildet sich allmählich aus der Zeugung von oben her ein neuer Mensch im alten Menschen heraus. Biblisch gesprochen: Ein Gotteskind erblickt das Licht der Welt. Es trägt ein Entwicklungsziel in sich. Es soll heranreifen zur Gottessohnschaft.[11]

Das Christwerden einer Seele kann nur aus dem Geist heraus erfolgen. Es ist kein Ergebnis der Geburt durch Zeugung des Vaters, sondern Frucht einer »Wiedergeburt« aus Überzeugung heraus, die mich in meinem Sein dem Sein des Vaters verdankt. Das unendlich nahe und ganz warmpersönliche Du des Vaters braucht auf menschlicher Seite das Ebenbild Gottes als Gegenüber, braucht den Geist der Sohnschaft, den uns Christus schenkt.

»... und bete zu deinem Vater, der im Verborgenen ist«. – Wir leben im Alltag zunächst ganz innerhalb der Sinneswelt. Auch die Richtung des Denkens, Fragens und Forschens hat sich in der Neuzeit ganz der Erforschung der Sinneswelt zugewandt. Dichter haben ihre Aufmerksamkeit früher als Theologen der verborgenen Seite der Welt zugewandt. So lässt Saint-Exupéry in seinem *Kleinen Prinzen* den Fuchs sagen: »Hier ist mein Geheimnis. Es ist ganz einfach: man sieht nur mit dem Herzen gut. Das Wesentliche ist für die Augen unsichtbar.« Dazu gehören die Seele, der Geist, ja das Leben alles Lebendigen sowie der unsichtbare Grund aller sichtbaren Welt, der Vater.

»Und dein Vater, der im Verborgenen sieht, wird es dir vergelten.« Die fünfte Aussage der Gebetsanweisung ist erreicht. Der Vater sieht im Verborgenen, in welchem der Beter durch das Hineingehen in die Kammer des Herzens, durch das Schließen der Türen, durch das Hintreten vor den Vater selber angekommen ist. Der Vater nimmt wahr, was durch das Gebetswort zu ihm gesprochen wird. Er antwortet darauf. Sein Hören wird Erhörung des Gebetes. Nicht ein Vergelten oder Entgelten im Sinne einer Lohnethik kann gemeint sein, sondern die Antwort des erhörenden Vaters ist väterlich – dem Betenden wird Hilfe zuteil. Dadurch, dass er sich in seinem wahren Wesen findet, vermag Sinn, Kraft und Gnade in sein Leben auszuströmen.

In der sechsten Weisung kommt die Orientierung zur Frage der Quantität und der Qualität des Wortes. Was ist beim Beten viel? »Beim Beten sollt ihr nicht leere Worte reden wie die Heiden; sie meinen, durch ihre vielen Worte Erhörung zu finden. Darum macht es nicht wie sie« (Matthäus 6,7–8).

Das Wort »battalogesete« – von Luther übersetzt mit »plappern wie die Heiden« – heißt ursprünglich »dornige Zweige des Battastrauches zusammenlesen«, also vergeblich arbeiten, sinnlos arbeiten.[12] Sinnlos ist es, einen von Christus gestifteten Wortlaut ständig so zu wiederholen, dass eine leere Formel daraus wird. Die Polylogie, das Viele-Worte-Machen, bewirkt eine Verwässerung des Logos, der im Wort des Gebetes als geistige Keimkraft enthalten ist. Es vermag zu wachsen, wenn es die genügende Pflege auf dem Ackergrund der Seele erfährt.

Aus dem Wenigen wird kraft der Gnade ein Viel. Das Viel liegt aber ausschließlich in der Qualität des Umganges mit dem Wort. Die äußere Fülle mindert die innere, die innere entfaltet sich, wenn der Umgang mit dem Saatgut des Wortes pfleglich geschieht. Das Evangelium enthält eine Fülle von Gleichnisbildern dazu. So wird der göttliche Sämann beschrieben (Matthäus 13), der seinen Samen sät: Die Fruchtbarkeit des Säens hängt von der Aufnahmefähigkeit, der inneren Offenheit, der Pflege ab.

Der dänische Denker Sören Kierkegaard hat 1848 in seinem Aufsatz *Die Wiederholung* dargestellt, dass es das Prinzip der religiösen Praxis ist, den gleichen Wortlaut in Treue zu wiederholen. Wie ein gutes Brot, das uns Lebenskraft schenkt und Leib und Blut ernährt, immer wieder gegessen wird, so schenkt der Wortlaut und der Inhalt des Gebetes durch Wiederholung im Rhythmus Lebenskraft und verbindet mit dem Auferstandenen. Es holt wieder, was wir verloren haben.

Die Realistik der sechsten Anweisung warnt vor der Gefahr, in die quantitativ vielen Worte auszuweichen, anstatt die Qualität des »Viel« aus dem Wort selbst zu entfalten. Das Gebet ist doch Gotteswort. In ihm ist die Fülle enthalten, die wir für das Leben brauchen. Die Sammlung und Konzentration auf das Wenige der von ihm gegebenen Worte führen zu ihm hin.

»Euer Vater weiß ja, wessen ihr bedürft, schon ehe ihr ihn bittet« (Matthäus 6,8). – Die siebte Anweisung zum rechten Beten verbindet uns mit der ersten. Jede Person wird zunächst ganz unmittelbar und persönlich angesprochen. Aber zu persönlich sollte das Beten nicht werden. Die Initiative, Hingabe und Kraft jedes einzelnen Ich darf in das Beten »allein« und in Gemeinschaft einströmen. Aber das Ich kommt als solches im Gebet nicht vor. Die Qualität des Inhaltes und die Kraft der Verwirklichung ist persönlich-überpersönlich.

Meine Wünsche, meine Hoffnungen, meine Bitten, meine Sorgen, meine Nöte – sie alle treten zurück, wenn ich mich an den Vater aller Menschen wende. Im Beten des Menschheitsgebetes versuche ich, mir die wahren Nöte und Bedürfnisse aller Menschen zu eigen zu machen. Was wir aus der Sicht Gottes brauchen – wer wagt es, das mit innerer Sicherheit zu beantworten? Ist nicht das Streben nach einem Zugang zur geistigen Welt zu stark vom Ego geprägt, dem begrenzten, persönlichen Ich des Menschen?

Worauf blickt Gott, wenn er auf den Menschen blickt? Sucht er nicht sein Ebenbild? Sucht er nicht wahrzunehmen, was letztlich im natürlichen Menschen kraft seiner Schöpfungstat übernatürlichen Wesens ist? Ist es nicht das wahre Bedürfnis des Menschen, so zu sich zu kommen, dass das tief verborgene wahre Wesen zur Entfaltung kommen darf? Wenn Johann Gottlieb Fichte von der »Bestimmung des Menschen« spricht, rührt er an das Geheimnis der Taufe einer Seele. Sie trägt die Bestimmung in sich, der Sphäre des Heiligen Geistes zu leben. Jeder trägt aus der geistigen Welt heraus ein bestimmtes Ziel in dieses Erdenleben herein. Aristoteles spricht daher von einer »Entelechie« – einer Ursache, die ein *telos*, ein Ziel in sich trägt. Beim Sakrament der Taufe leuchtet dieses göttliche Bestimmungsziel der menschlichen Seele auf. Und was der Mensch hinsichtlich dieses Ziels in Wahrheit braucht, weiß die Gottheit, weil es mit ihr wesenverwandt ist.

So spricht die siebte Anweisung aus, dass alles zu kleine, zu enge, zu persönliche Meinen und Wünschen weichen und zurücktreten kann vor dem Vertrauen zum Vater, der die Bedürfnisse des Seelengrundes einer jeden menschlichen Seele kennt. Vor Gott liegt die Seele offen und so ist die Stiftung des Vaterunsers bereits die Antwort auf die Not der Menschen.

Christus als Lehrer des Gebetes unterweist den Lernwilligen, der ein Betender werden will, in den sieben Stufen der Didache. Er tut dies in der Wahrung der Freiheit eines

Entschlusses, aber auch im unmittelbaren Gegenüber von ihm zu jedem einzelnen Ich, das die Methode und den Inhalt aufnimmt. Methode ist im Griechischen »der Weg zu etwas«. Der Weg zum Gebet geht dem Gebet selbst voraus. Jesus Christus lehrt in der siebten Stufe der Bergpredigt zuerst die sieben Schritte des Weges zum Gebet des Vaterunsers, bevor er es selbst gibt. Sollte Christus – der von sich selbst sagt: »Ich bin der Weg, die Wahrheit und das Leben« – auch hier erst durch sich selbst den Weg weisen, dann die Wahrheit des Vaterunsers geben und schließlich das Leben im Einzelnen wie in der Gemeinde sein?

Die siebengliedrige Lehrunterweisung ist in der Bergpredigt an den einzelnen Menschen gerichtet. Jesus Christus spricht ihn als Du an. Das unmittelbare Gegenüber von Gott und Mensch, von Person zu Person charakterisiert das Gebet.

Wie ist es aber, wenn das Vaterunser inmitten der Gemeinde gesprochen wird? Gilt da das eben in den sieben Stufen Ausgesprochene der Unterweisung?

Hat eine Gemeinde sich eine Kirche gebaut, dann kann im Zusammenkommen zum Gottesdienst, im gemeinsamen Vollbringen der Menschenweihehandlung das Entsprechende gelten.

Dem Entschluss, in die »Kammer« einzutreten, entspricht dann der Entschluss, den Weiheraum zu betreten. Er ist ein geweihter Raum und dient der Bestimmung, Begegnungsort der Menschen mit Gott zu sein. Er ist eine Wohnung Gottes unter den Menschen, ein Gotteshaus.

Sind alle versammelt, dann wird die Türe geschlossen und ermöglicht der Gemeinde völlige Ruhe. Ein zu spät Kommender wird fühlen, wie sehr er die anderen stört, die bereits vor Beginn der heiligen Handlung ruhig ihren Platz eingenommen haben.

Dann öffnen sich alle Sinne zum voll bewussten Teilnehmen am Altargeschehen. Es entfaltet sich als Bild und wird von den Augen gesehen. Es äußert sich als Wort und wird gehört. Es ist eine Handlung und Tat der Menschen, die sich dem Handeln Gottes verbindet. Der Duft des Weihrauches wird mit offener Nase als Wohlgeruch wahrgenommen und hebt den Geruchssinn zur Höhe der geistigen Handlung heran. Wir verzichten auf eigenes Sprechen – schon vor der Handlung – und schließen damit den Mund. Der Priester und der Ministrant sprechen für den Leib der Gemeinde. Der Hörsinn nimmt das Gotteswort auf. Nur der Verzicht auf eigenes Sprechen gibt dem Logos, dem göttlichen Weltenwort, den Raum frei, zu Wort zu kommen.

Der Charakter des Weiheraumes stellt die verborgene Seite der Welt in unsere sichtbare Welt herein. Innen- und Außenwelt einen sich an dieser Stätte.

Und wenn der göttliche Vater weiß, wessen wir als Menschen bedürfen, dann stiftet er das Sakrament und mit ihm das Vaterunser. Die lebensnotwendige Nahrung des Geistes und der Seele wird von ihm angeboten, wie die Speisungen im Evangelium ein wesentlicher Teil der Wirksamkeit Jesu Christi sind: »Ich Bin das Brot des Lebens« (Johannes 6,35).

Damit kann sich sowohl für den einzelnen Beter wie für das Gebet in der Gemeinde die Anweisung Jesu Christi erfüllen.

Das Vaterunser

Vater unser,
der du bist
in den Himmeln,

geheiligt
werde dein Name,

dein Reich
komme zu uns,

dein Wille geschehe,
wie oben in den Himmeln,
also auch auf Erden.

Unser alltägliches Brot
gib uns heute,

und vergib uns
unsere Schulden,
wie auch wir vergeben
unseren Schuldigern,

und führe uns nicht in
Versuchung,

sondern erlöse uns
von dem Bösen.

Inhalt und Komposition des Vaterunsers

Bevor wir uns der Komposition und den einzelnen Teilen des Vaterunsers zuwenden, sei noch ein Hinweis zur gebrauchten Begrifflichkeit erlaubt. Üblicherweise werden die Sätze oder Grundaussagen des Vaterunsers als Bitten angesehen. Das hieße aber, dass die Gebetsgemeinschaft oder der einzelne Beter um etwas bittet und die Erfüllung der Bitte irgendwann – vielleicht in ferner Zukunft – eintritt. Das würde jedoch die Glaubenskraft in Bezug auf das Gebet mindern und den Grad seiner Wirklichkeit schwächen.

Die Grammatik kennt dagegen eine Form, die auch im Wortlaut des Gebetes angewandt wird: die Form des Performativen. Sie schenkt uns Aussage und Verwirklichung in einem. Sage ich zum Beispiel: »Ich schwöre bei Gott, dass ...«, dann ist das Wort, der Satz zugleich die Verwirklichung der Intention.

Das Vaterunser wählt die zunächst als Bitte erscheinende Form und den Konjunktiv, die Möglichkeits- und Wunschform. Lesen wir diese Form jedoch performativ, dann tritt im Beten ein, was wir inhaltlich »bitten«.

Wir dürfen also annehmen, dass die Bitten des Menschheitsgebetes nicht nur Bitten sind. Sie wachsen aus der Wortkraft des Gebetes über sich hinaus. Sie bewirken, was sie sagen. Indem wir Zeile für Zeile, Satz für Satz beten, tritt – wenn auch nur anfangsweise – die Wirklichkeit des Gesagten ein. Jesus Christus stiftet das Gebet. Er sagt und betet es vor. Im Gebet ist er als Logos enthalten. <u>Die volle Logoskraft des Weltenwortes liegt in dem Wortlaut wie ein Same enthalten.</u> Durch das wiederholte Sprechen und Beten entfaltet sich allmählich seine Kraft, seine Gnade und sein Segen. Zur inneren Aufmerksamkeit und der rechten Andacht gehört die Empfindung, dass im Beten eintritt, was ich sage. Damit weist es nicht auf eine nähere oder fernere Zukunft. In der Gegenwart, im unmittelbaren Sprechen und Vollziehen des Gebetes erreicht der geistige Inhalt seine Wirksamkeit und Wirklichkeit.

Das Vaterunser setzt sich aus einer Anrede und sieben Grundaussagen, »Bitten« im genannten performativen Sinn, zusammen. Die ersten drei Grundaussagen schenken eine Zuwendung zu Gott. Die darauf folgenden vier Sätze befassen sich dann mit der Menschen- und Erdenwelt.

Himmel + Gott	+	Erde + Mensch
Dreiheit		Vierheit
	Siebenheit	

Fra Angelico, »Die Bergpredigt«, zwischen 1437 und 1445, Fresko, San Marco, Florenz.
© akg-images / Rabatti – Domingie

Caravaggio, »Der Heilige Franz von Assisi im Gebet«, 1606
© akg-images / Electa

Jean François Millet, »Beim Angelusläuten«, 1858/59
© akg-images / Erich Lessing

Anders Zorn, »Unser täglich Brot«, 1886 (Ausschnitt)
© akg-images

Die Anrede

Das Gebet beginnt mit der Anrede. Der Betende erweckt das Bild eines Gegenübers, das er anspricht. Stehen wir vor einer Tür, die wir zu einem dahinter liegenden Raum durchschreiten wollen, steht zunächst ein Name daran. Ohne Bewusstwerdung, dass Wesen und Wesen einander gegenübertreten, sollte das Gebet nicht beginnen. Die Stimmung dieses Beginns soll zunächst wach werden, sie bedarf der Pflege. Wer die sieben Vorbereitungsstufen durchwandert hat, kann vielleicht noch eine Erfahrung in der Seele hervorrufen, die ihm die Empfindung des Vatergottes erweckt:

– Ich stelle mich bei Nacht unter das Firmament. Ich hebe meine Augen empor zum Himmel. Ich sehe die Fülle der Sterne, die in ihrem unterschiedlichen Licht das Dunkel erhellen. Sie gruppieren sich zu Bildern. Sie stehen für das Auge nicht still. Sie kreisen. Und sehe ich sie eine ruhige Weile an, taucht die Empfindung der unendlichen Größe des Raumes in mir auf. Ich fühle, wie allem, was ich sehe, eine sinnvolle Ordnung zugrunde liegt. Kosmos heißt Ordnung. Wer hat die Welt geordnet und Sinn in sie gelegt? Jakobus nennt Gott den »Vater der Gestirne« (Jakobus 1,17).

– Oder ich stelle mich in der Erinnerung ans Meer. Die Wellen spülen an den Strand. Die Gezeiten heben und senken das Meer. Sie wirken wie ein Weltenatem. Im Rhythmus brandet das Wasser an die Erde. Lasse ich das Rauschen und den Rhythmus auf mich wirken, ersteht wiederum das Gefühl von allwaltender Größe in mir. Das Meer als Träger des Lebens erweist im Rhythmus der Welle die Lebendigkeit der gesamten Erde als eines Organismus, der in allen Einzelheiten aufeinander bezogen und sinnvoll gestaltet ist.

Ein geistiger Urgrund liegt allen Erscheinungen zugrunde. Ein Grund im doppelten Sinn: Er liegt allem Sein zugrunde wie eine letzte Ur-Sache, von der alles ausgeht. Er ist aber auch der Grund, der alles trägt, der allem »zugrunde« liegt. Dieses »allmächtige, geistig-physische Gotteswesen«, von dem das Bekenntnis der Christengemeinschaft spricht, ist nun das Gegenüber. Das darf ich, das dürfen wir als Vater ansprechen. Und wir sollten es tun mit einer Empfindung der Andacht, der Verehrung, der inneren Nähe zu Gott.

Von der anderen Sichtweise haben wir schon gesprochen. Wie komme ich als Mensch dazu, den geistigen Urgrund der Welt als Vater anzusprechen? Setzt das nicht voraus, dass ich lerne, mich als Geschöpf Gottes zu empfinden? Wie mich die leiblichen Eltern ins Dasein gerufen haben als Werkzeug einer göttlichen Weltenkraft, die sich im Zeugen und Empfangen auswirkt, so lerne ich zu fühlen, dass ich als Mensch da bin, weil der Vater mich ins Dasein gerufen hat. Ich verdanke mein Sein seinem Sein. Ich darf ihn Vater nennen und als Vater ansprechen.

Dem Aufblick zu Gott dem Vater folgt der Umblick zu den Mitmenschen. Zunächst spricht das Unser an, dass die Zuwendung zum Vater aus der Gemeinsamkeit von Menschen erfolgt. Das Vaterunser ist ein Gemeinschaftsgebet. Auch wenn ich es allein bete, ist es nicht mein, sondern unser Vater.

Wie kann ich erspüren, mit wem ich mich zu dem »Unser« verbinde? Kann ich zur Vorbereitung an die Seelen denken, die zu meinem unmittelbaren Schicksalsumkreis gehören, an meine Nächsten? Kann ich lernen, die Seelen von nahen Verstorbenen einzubeziehen? Ist Gott nicht für die Lebenden wie die Toten in gleichem Maße Vater? Wie weite ich den Kreis allmählich aus im Einbeziehen von Seelen, die mir zunächst ferner stehen?

Spricht nicht die Bergpredigt kurz vor der Stiftung des Vaterunsers von der Aufgabe, die Nächstenliebe zu einer Fernstenliebe zu erweitern? (Matthäus 5,43-48) Das Mitleben in einer Gemeinde kann das Übungsfeld werden, die Kraft der Liebe von der Familie und den Verwandten auszudehnen auf jene, die dem Blute nach nicht Nächste, die dem Geiste nach Wahlverwandte sein können. Wenn Christian Morgenstern sagt: »Meine Liebe ist groß wie die weite Welt«, vermag die Initiative des Einzelnen die Seelengemeinschaft derer, die in dem Unser zusammengefasst sind, größer und umgreifender zu machen. Gemeinschaften von Menschenseelen, die sich zu einem gemeinsamen Vater erheben, werden in den ersten zwei Worten der Anrede zusammengefasst.

Nach dem ersten Aufblick zum Vater und dem Blick in den menschlichen Umkreis folgt die Bekenntnisaussage: »der du bist in den Himmeln«. Damit umgreift die Anrede drei Elemente: den Vater – die Seelengemeinschaft – die Himmel.

Und wieder stellt der Wortlaut Fragen an uns und unsere Weltsicht. Gibt es eine geistige Welt, gibt es den Himmel? Und wenn ja, warum wird er im Plural genannt? Gibt es mehrere Himmel? Dem Gebet liegt diese Anschauung von der Welt zugrunde. Wie können wir sie heute – durch Erweiterung des naturwissenschaftlichen Weltbildes – wieder zu unserer Sicht machen?

Die sichtbare Welt, das Reich der Natur, zeigt sich in einer strukturellen Viergliederung: das Mineralische – die Sphäre des Bios, des Lebendigen der Pflanzenwelt – die zoologische Sphäre, das Reich der Tiere – und die Bewusstseinssphäre, repräsentiert durch das Reich der Menschen.

Wenn die sinnliche Welt sich in vier unterschiedlichen Sphären oder Reichen zeigt, ist es nicht denkbar, dass die unsichtbare geistige Welt dieses Prinzip fortsetzt? Sie ist gegliedert in Bereiche, die von den Engeln bis zu den höchsten geistigen Wesen, den Thronen, Cherubim und Seraphim reichen. Schon Paulus berichtet im zweiten Brief an die Gemeinde in Korinth Folgendes von seinen übersinnlichen Erfahrungen: »Ich kenne einen Menschen, lebend in Christus, der wurde vor vierzehn Jahren – ob im Leibe, ich weiß es nicht, ob außer dem Leibe, ich weiß es nicht, Gott weiß es – entrückt bis in den dritten Himmel« (2. Korinther 12,2). Sein Schüler Dionysius, der Mitglied des Hohen Rates auf dem Areopag in Athen war, gründete eine esoterische Schule. Dort wurden im fünften Jahrhundert die Schriften aufgezeichnet, die unter dem Titel *Die Hierarchien der Engel und der Kirche* erschienen sind. Sie schildern aufgrund einer »mystischen Theologie« ausführlich die Reiche der Himmlischen, gegliedert und differenziert in verschiedene Stufen.

Als unsichtbares Gotteswesen hat der Vater sein Sein in den Himmeln. Spreche ich aus, dass er »in den Himmeln« ist, so setzt das die Erkenntnis von den Reichen der Himmel voraus. Durch eine ständige Erweiterung meiner Erkenntnisse vermag ich mit der Anrede des Vaterunsers im Laufe der Jahre immer mehr an Einsicht, Aussagekraft, innerer »Überzeugung« verbinden. Aus der Formel wird eine kraftvolle Beziehung der Gebetsgemeinschaft zum göttlichen Vatergrund der Welt.

Die Dreiheit der Sätze zur göttlichen Welt

Geheiligt werde dein Name

Der Name Gottes und seine Heiligung bilden den Anfang. Wie heißt Gott? Welches ist sein Name?

Als Jakob die Furt des Flusses Jabbok durchschritt, rang er bei Nacht bis zum Aufgang der Morgenröte mit einem Mann. Jakob sagte ihm: »Ich lasse dich nicht, du segnest mich denn.« Jener fragte: »Wie heißt du?« – »Jakob«, antwortete er. Nun empfängt Jakob einen neuen Namen, »Gottesstreiter« – hebräisch Israel –, »denn du hast mit Gott und Menschen gestritten«. Als Jakob fragt: »Nenne mir doch deinen Namen«, entgegnet er: »Was fragst du mich nach meinem Namen?« Dann segnete er ihn dort. Und Jakob trägt in sich die Gewissheit, mit wem er nächtlich an der Schwelle zum Heiligen Land gerungen hat. Er benennt den Ort »Penuël«, das heißt »Gottesgesicht«. Und er weiß, dass er Gott von Angesicht zu Angesicht geschaut hat (1. Mose 32,23–33).

Die zweite Szene des Alten Testamentes, in der die Gottheit und ihr Bote ihren Namen zu nennen verweigert, ist die Erscheinung des Engels bei der Frau des Manoah, dann bei beiden auf dem Felde. Sie sollen Eltern werden und Simson empfangen. Manoah fragt zum Abschluss der Erscheinung: »Wie ist dein Name?« – Der Engel des Herrn erwiderte: »Warum fragst du mich nach meinem Namen?«. In der Opferflamme des errichteten Altars »stieg der Engel des Herrn mit der Flamme empor«. – Beide Male bleibt also der Name Gottes verhüllt. Die Frage nach dem Namen führt zur Gegenfrage an den Menschen, nicht aber zur Offenbarung des Gottesnamens selbst (Richter 13,1 ff.).

Erst Mose wird der Name Gottes geoffenbart. Er weidet am Gottesberg Horeb die Herde. »Dort erschien ihm der Engel des Herrn in einer Flamme, die aus einem Dornbusch emporschlug. Er schaute hin: da brannte der Dornbusch und verbrannte doch nicht« (2. Mose 3,2). Gott ruft ihn mit seinem Namen Mose aus dem Feuer an. Er bezeichnet sich selbst als »Gott deines Vaters, der Gott Abrahams, der Gott Isaaks und der Gott Jakobs«. Die Väter und Erzväter sind väterliches Element, durch das Gott wirkt. Gott betraut nun Mose mit der Aufgabe, das Volk aus Ägypten zu führen – Mose übernimmt die Aufgabe, antwortet jedoch: »Sie werden mich fragen: Wie heißt er? Was soll ich ihnen darauf sagen?«. Da antwortet Gott: »Ich bin der Ich Bin« (oder auch: Ich werde sein, der ich sein werde).

Im brennenden Dornbusch offenbart sich das Ich Bin – die Wesensbezeichnung Gottes. Und wenn es dann in den Zehn Geboten, die Mose empfängt, heißt: »Du sollst den Namen des Herrn, deines Gottes, nicht missbrauchen« (2. Mose 20,7), zeigt sich, dass die Heiligung des Namens und damit des Wesens Gottes schon eine Grundorientierung der alttestamentlichen Zeit ist.

Wie geschieht sie heute? Im Gebet selbst und in seiner andächtigen Sorgsamkeit setzt der Prozess der Heiligung ein. Und der Name selbst? Im christlichen Sinne ist die Gottheit eine Dreiheit: Vater – Sohn – Geist. Das sind zunächst keine Namen. Sie sprechen ein Beziehungsverhältnis aus. Gott ist Vater – und ist damit seinem Wesen nach etwas anderes als der Allah des Koran – der weder Vater ist noch einen Sohn hat. Und mit der Bezeichnung ist die Beziehung zum Sohn charakterisiert. In der Taufe am Jordan heißt es: »Dieser ist mein geliebter Sohn, in dem ich mich offenbare« (Matthäus 3,17). Und da Gott Geist ist, ist die

Beziehung vom Geist zum Vater und zum Sohn charakterisiert (Johannes 4,24). Die einzige Person der dreieinigen Gottheit jedoch trägt einen Namen. Sie heißt Jesus Christus. Hebräisch *Jesus* heißt Heilbringer, Heiland, Erlöser, als Kurzform von *Jehoschua*, der Herr ist Heil, Rettung, Hilfe. *Christus* heißt im Griechischen das hebräische *Messias* und bezeichnet den Gesalbten. Der Name benennt das Priestertum und Königtum des Trägers.

Kann es sein, dass die Heiligung des Namens Jesus Christus betrifft, in dem sich der Vater und der Geist den Menschen als Gott und Mensch zeigt und offenbart?

Das Vaterunser wendet sich an den Vater. Gegeben und erstmalig gesprochen wird es von Jesus Christus. Er ist eingeschlossen in das Gebet. Wenn der Satz gilt: »Niemand kommt zum Vater denn durch mich«, dann ist substanziell Christus – selber ungenannt, weil von ihm stammend – im Gebet enthalten. Die Heiligung des Gottesnamens bekommt damit den Charakter, der der Trinität, der Dreieinigkeit entspricht.

Dein Reich komme zu uns

Wie kann das Gottesreich zum Reich der Menschen kommen? Innerhalb der Sinneswelt gehören wir durch die Stoffe und unseren Körper dem Mineralreich an, genauer: Das Mineralreich ragt in unsere physische Leiblichkeit herein. Insofern wir Lebewesen sind, haben wir teil am Reich des Lebendigen, der Pflanzenwelt. Unsere Seele verbindet uns mit allem Seelischen in der Welt, mit dem Reich der Tiere, der Zoosphäre. Als Person und als in sich einmaliges Ich gehört jeder Mensch der geistigen Welt an. Wie Paulus im Philipperbrief sagt: »Doch unsere Heimat ist in der Himmelswelt«

(3,20). Hier ist der innere Umschlag von der Sinnes- zur Geisteswelt. Das Reich des Geistes erhebt sich über – genauer – durchdringt die Sinnessphäre. Und die Aussage des Gebetes bewirkt mindestens für den Augenblick des Vollzugs, dass sich das Gottesreich einlebt, einwohnt in den betenden Menschen. Er ist für die Zeit des Gebetes im vollen Sinne Bürger der geistigen Welt, sie ist seine wahre Heimat.

Allerdings setzt die Verwirklichung dieser Bitte voraus, dass der Freiraum für die Ankunft geschaffen wird. Wenn die Frage lautet: »Wohin soll das Reich kommen?« und die Antwort: »In den Menschen«, dann bedarf es einer inneren Bereitschaft und Öffnung der Seele, die normalerweise von vielem besetzt ist, das sie mit der Sinneswelt verbindet. Aber es gilt: »Das Gottesreich kommt nicht äußerlich wahrnehmbar, noch wird man sagen können: siehe, hier ist es oder dort. Denn siehe, das Reich Gottes ist in eurem Inneren« (Lukas 17,20 f.).

Ist nicht die Sehnsucht nach dem »Reich« eine ideologische Perversion, wenn sie auf den Staat und die Volksgemeinschaft gerichtet ist? Das Reich des Geistes aber will im Inneren des Menschen aufgehen. Schon die erste der Seligpreisungen der Bergpredigt spricht diese Tatsache an: »Selig sind, die um Geist betteln, in sich selber finden sie das Reich der Himmel« (Matthäus 5,3; Übers.: J. Lenz).

Wer auf die letzten Jahrzehnte zurückblickt, sieht dankbar, wie der platte Materialismus des endenden 19. Jahrhunderts – nicht zuletzt durch das schwere Leid von zehn Jahren Weltkrieg – im 20. Jahrhundert einer wachsenden Offenheit für Geistiges weicht. Die Sensibilität nimmt zu. Die Bereitschaft für geistige Fragen des Lebens wächst. Das Aufschließen der Seelen für das kommende Gottesreich geschieht in den machtvollen Wehen unserer Zeit.

Dein Wille geschehe,
wie oben in den Himmeln also auch auf Erden

Die Heiligung des Namens berührt den Erkenntnisaspekt. Aus einem Kennen und Erkennen des Namens wird ein Bekennen und Heiligen. Das Kommen des Reiches in die Erfahrungsmitte des Menschen ist ein Geschehen im Herzen des Menschen. Die dritte Aussage des Vaterunsers wendet sich dem Willen Gottes und dem Willen des Menschen zu.

Wer einen Säugling beobachtet, sieht die ständige Bewegung der Gliedmaßen und mehrmals täglich das Saugen an der Brust der Mutter: Der Wille ist vom ersten Atemzug an aktiv. Später empfängt er seine »Schulung«. In Handwerk, Landwirtschaft und Industrie wird er für die Arbeit gefordert.

Durch unseren Willen sind wir mit der Welt verbunden. Wir greifen in sie ein und verändern sie durch Arbeit von der Naturseite zur Zivilisation hin. Der Wille ist damit stark nach außen gerichtet. Wie steht es mit der Wendung des Willens zur geistigen Welt hin? Welcher Art sollte der menschliche Wille sein, wenn nicht nur menschliche, sondern göttliche Ziele verfolgt werden? Und wie ist es mit dem Willen Gottes? Ist nicht das ganze Universum – wörtlich: das Eine gewendet nach außen – Ausdruck und Ergebnis des göttlichen Willens? Der Kosmos und in seiner Mitte der Mensch ist geistiges Ziel und göttlicher Wille.

So wird es nicht so schwer sein, anzuerkennen, dass der Wille Gottes in der geistigen Welt geschehen möge. Alle unsichtbaren Wesen dienen ihm und führen seinen Willen aus – von den Engeln bis zu den höchsten Wesen der himmlischen Hierarchien. Selbstlos vollbringen sie, was Gott will. Dann aber erfolgt in diesem Satz des Gebetes die Wendung zur Erde hin. Hier taucht nach der Dreiheit der Sätze, die der Gottheit in den Himmeln zugedacht ist, erstmalig die Erde auf. Die folgende Vierheit der Aussagen zielt dann ganz auf die menschlichen und irdischen Verhältnisse hin.

Wie kann zur Anerkennung des göttlichen Willens, der in den Himmeln wirkt, zusätzlich eingesehen, anerkannt und vollzogen werden, dass er auch auf Erden unter uns Menschen wirksam werde?

Betrachten wir doch das Beispiel des Paulus. Als er auf seiner zweiten Reise in Kleinasien ist, wendet er sich nordwärts. Er will mit seinem Reisebegleiter Lukas, dem späteren Evangelisten und Schreiber der Apostelgeschichte, nach Bithynien, der Landschaft südlich des Schwarzen Meeres. Da heißt es: »und der Geist Jesu ließ es nicht zu« (Apostelgeschichte 16,7). Was heißt das wohl? Göttliches Ziel ist Europa. Das Willensziel des Apostels ist nicht identisch mit dem Willen Gottes. Da treten Hemmungen und Hindernisse auf, die den Reiseplan ändern. Vermutlich lebt Paulus als Christusmystiker ständig in der Frage, ob sein Handeln im Einklang mit Christus steht. Er fragt nach den göttlichen Zielen, und werden sie ihm auf diese oder jene Weise offenbar, richtet er sich danach. Er ergibt seine ganze unglaubliche Willensstärke in den Willen Gottes. Er findet den tieferen Sinn seines Apostolates, seiner Sendung, ausführendes Organ der göttlichen Willensziele zu sein.

Die höchste Steigerung des von der pharisäischen Kindheit an geschulten Willens liegt in der Zurücknahme des eigenen und der Ausführung des göttlichen Willens.

Dieser dritte Satz des Vaterunsers wird also verwirklicht, wenn wir die Ergebenheit und Einfügung des eigenen Willens in den Willen Gottes üben. Das heißt, man könnte vor jeder ernsten Handlung innehalten und zur geistigen Welt hin fragen, ob es auch aus dem Geist heraus gewollt wird. Gilt schon im normalen Leben, dass jede Tat eine möglichst sorgfältige Überlegung voraussetzt, so gilt das umso mehr, wenn man sich für Willensziele des Geistes zur Verfügung stellt. Zur Vorbereitung oder auch zum Nachklang eines Gebetes kann diese fragende Haltung fruchtbar sein: Sie stellt das eigene Vorhaben und den eigenen Willen in einen großen sinnvollen Zusammenhang von Gott her. Selbstverständlich gilt das Entsprechende für eine Gemeinschaft, die im Namen die Beziehung zu Christus hat. Die Christengemeinschaft im Ganzen wie jede einzelne Gemeinde hat keinen Selbstzweck: Ihr Sinn und ihre Bestimmung liegen darin, die Ziele Christi unter uns Menschen auf Erden zu verfolgen – Organ seines Willens zu sein. Taufen heißt beispielsweise, dafür zu sorgen, dass der gegenwärtige Christus durch das Sakrament zu einem Kinde sprechen kann und sein Bestimmungsziel in ihm und in der Taufgemeinde veranlagt.

In schweren Schicksalssituationen ist die Erfüllung der dritten Bitte eine Herausforderung innerer Stärke. Etwa beim Sterben und dem Tod eines lieben Menschen letztlich anzuerkennen, dass das Lebensmaß von Gott her bestimmt ist und wir vor der Aufgabe stehen, uns in das zugemutete Schicksal zu ergeben.

Die Vierheit der Sätze zu Mensch und Erde

Unser alltägliches Brot gib uns heute

Um die ganze Erde herum herrscht bei vielen Menschen Mangel an Ernährung, Unterernährung, Hunger. Nicht, dass die Erde nicht in Fülle Brot geben könnte. Es ist selbstverschuldete Not, von Menschen geschaffen. Die Bitte um das tägliche Brot wird sicher von vielen Seelen mit Inbrunst und Hoffnung auf Erfüllung gebetet. Im Evangelium erscheint das Brot in mannigfachen Wandlungen als ein zentrales Thema, so zum Beispiel im Psalm 104,15: »... das Brot des Menschen Herz stärke ...«. In der Szene der dreifachen Versuchung nach der Jordantaufe weist Jesus darauf hin: »Nicht vom Brot allein wird der Mensch leben, sondern von jedem Wort, das aus Gottes Munde kommt« (Matthäus 4,4). Hier ist schon der innerste Zusammenhang zwischen dem Brot und der ernährenden Kraft des Gotteswortes gezeigt: Das Brot schenkt dem Leib die Lebenskraft, der Logos, das Gotteswort, ernährt den Geist.

Die beiden großen Speisungsberichte der vier- und der fünftausend Seelen (Matthäus 14,3 ff.; Markus 6,30 ff.; Lukas 9,10 ff.) weisen auf den geheimnisvollen Zusammenhang einer Ernährung und Sättigung durch Brot aus dem Geist heraus hin. Im Johannes-Evangelium steht folgende Rede Jesu über das Brot des Lebens: »<u>Arbeitet nicht für vergängliche Nahrung, sondern für solche Nahrung, die bleibt für das überzeitliche Leben.</u> Diese wird euch der Menschensohn geben, denn ihm hat der göttliche Vater sein Siegel eingeprägt« (Johannes 6,27). Eine Nahrung, die nicht nur dem Leben in der Zeit, sondern dem bleibenden Leben in der Sphäre der Ewigkeit dient, rät er also den Jüngern. Das steigert sich bis zu der Aussage: »Denn das Brot Gottes kommt aus dem Himmel herab und gibt der Welt Leben« (Johannes 6,33). Und als die Jünger um dieses Brot bitten, kommt die Selbstaussage Jesu Christi: »Ich Bin das Brot des Lebens« (Johannes 6,35).

Es gibt keinen Zweifel, dass die Evangelien, wenn sie vom

täglichen Brot als Nahrung des Leibes sprechen, auf Christus als der alltäglichen Lebenskraft des Logos und damit der menschlichen Seele und des Geistes hinblicken.

Der mittlere, vierte Satz des Vaterunsers zum alltäglichen Brot sollte deshalb von oben, vom Geist her gedacht und gesprochen werden. Schon im Johannes-Evangelium erscheint das Wort Brot (*ártos*) vierundzwanzigmal wie auch das Wort Geist (*pneuma*). Und zwar sind sie so in den Gesamtaufbau einverwoben, »dass sie jeweils zwölfmal auftreten, bevor der Christus sich selbst als das Brot des Lebens offenbart (Johannes 6,35); dann beginnt ... eine zweite Zwölfheit von Nennungen des Brotes und im gleichen Kapitel (von 6,63 an) eine zweite Zwölfheit von Aussagen über den Geist.«[13] Johannes weist also durch die Komposition auf den inneren Zusammenhang von Brot und Geist.

Noch deutlicher wird es, wenn wir das Wort *epioúßion*, »täglich«, bedenken. Es ist in der griechischen Literatur einmalig – es kommt nur bei Matthäus und Lukas vor![14] Hieronymus (383 n.Chr.) hat in seiner Vulgata-Bibelübersetzung das griechische Wort ins Lateinische übertragen mit *supersubstantialem* – übersubstanziell, rein geistiger Natur, über-seiend. In der Ostkirche, im altkirchenslawischen *na-ßonštj-ny* oder russisch *nassúščnyj* heißt es ebenfalls überseiend, übersubstanziell.[15] So schlägt Althoff, der Herkunft des Wortes und des Satzes nachsinnend, folgende sinngemäße Übertragung vor: »Unser urkünftig-all-tägliches Brot, in welchem der Geist uns erbaut, gib Du uns heute.«[16]

Unter unserem Gesichtspunkt ist natürlich auch an das Brot auf dem Altar zu denken. Täglich wird die Menschenweihehandlung vollzogen. Ein Minimum an Brotsubstanz – die Hostie – wird verwandelt. Die Lebensleiblichkeit

Christi verbindet sich ihr und stärkt als Brot des Lebens den Kommunizierenden.

Zu erinnern sind auch die zwölf Schaubrote, die in der Stiftshütte und später im Tempel von Jerusalem lagen und dem täglichen Vollzug des Opfers dienten. Sie wurden allwöchentlich am Sabbat erneuert und der den Priestern vorbehaltene Genuss sollte zum Schauen im Geist führen. Daher hieß dieses: »Brot des schauenden Antlitzes«.

Mit dem Vorstehenden soll nicht einer einseitigen Spiritualisierung das Wort geredet werden, doch ist der ewige und geistige Aspekt so weit verloren gegangen, dass kaum noch gewusst wird, was eigentlich dasteht. Und selbst das Brot, welches den Hunger stillt: Es müsste immer weniger auf Erden werden und mehr und mehr zu Stein (nur noch Chemie) werden, wenn nicht neue Ideen und eine stärkere Beziehung zum Geist bis in die Landwirtschaft, bis zum Brotgetreide und die Backstube einwirken würde. Die Stillung des Hungers ist vordringlich eine geistige, dann erst eine soziale und materielle Frage. Die französische Philosophin Simone Weil hat sich in ihren Betrachtungen über das Vaterunser auch für das »Brot, das da übernatürlich ist«, entschieden und sagt: »Christus ist unser Brot«.[17]

Die Bitte um das Brot bildet die Mitte in der Siebenheit der Sätze des Vaterunsers. Jetzt folgen Schuld – Versuchung – das Böse. Die Last des Erdenseins entspricht der ersten Dreiheit des Himmelseins. Die Zuwendung zum Vater, verbunden mit der Heiligung seines Namens, mit dem Kommen seines Reiches und der Einigung mit dem göttlichen Willen, schenkt die Kraft, Vergebung zu üben, die Versuchung zu bestehen, das Böse zu überwinden.

Und vergib uns unsere Schulden,
wie auch wir vergeben unseren Schuldigern

Der fünfte Satz führt uns in den Bereich von Schuld und Vergebung. Der Zeitgenosse versteht Schuld zunächst auf der materiellen, finanziellen Ebene. Er hat etwas bekommen und schuldet dafür den und den Betrag. Er hat Schulden gemacht, die er eines Tages abzugelten hat. Unsere privaten und öffentlichen Haushalte haben vielfach die Schulden zur Leitmaxime erhoben, vielleicht in der Hoffnung, dass dank der Inflation weniger zurückzuzahlen ist. Manchmal werden Schulden erlassen, wenn sie nicht mehr belasten.

Schwieriger ist es im Zwischenmenschlichen. Bitte ich jemand um Entschuldigung, dann hoffe ich darauf, dass meine Schuld vergeben wird. Sie wird nicht einfach gelöscht, sie wird von beiden Seiten gesehen und gewusst. Der bewusste Akt des Erlassens, des Vergebens, bereinigt die durch Schulden belastete Beziehung. Das Vergeben schenkt erneute Freiheit für die Zukunft.

Dabei kann man aktiv Schuld auf sich laden, man kann sich aber auch passiv verschulden. – Bin ich mir beispielsweise bewusst, dass ich fast alle Begriffe, mit denen ich denke, anderen Denkern verdanke? Vom Begriff des Atoms über den Organismus bis zur Seele und Demokratie hin ist alles vor mir gedacht worden. Ich schulde meinen Vordenkern Dankbarkeit für alles, was sie vorgedacht haben und wodurch sie mein Nach-denken bereichern. Den größten Teil meiner geistigen Existenz schulde ich anderen denkenden Geistern. Darüber hinaus schulde ich anderen mein Leben. Die Eltern haben mich ins Leben geleitet. Wohnung, Nahrung, Kleidung haben sie viele Jahre gegeben, ohne mir eine Schuld anzurechnen. Aber schulde ich ihnen nichts dafür, wenn ich herangewachsen bin? Lehrer haben mich unterwiesen und erzogen, andere meine Berufsausbildung geleistet – es hat lange gedauert, bis ich auf allen Ebenen allein verantwortlich im Leben stand – was gebe ich dafür?

Und schließlich die Ausweitung des Blickes auf die Natur und die Erde. Solange ich im Leib lebe und atme, lebe ich von den Früchten der Erde und der Lebensluft. Was gebe ich der Erde als lebenspendendem Organismus zurück? Was schulde ich ihr? Leben wir nicht in einer Zeit, in der die Verschuldung des Menschen an der lebendigen Natur endlich ins Bewusstsein dringt? Reichen wir die Schuld weiter an die nächsten Generationen oder tun wir alles, dass ein Ausgleich zustande kommt?

Der fünfte Satz des Vaterunsers enthält ein wichtiges Element. Die Hoffnung auf Gnade und Vergebung unserer Schulden ist gebunden an unsere Fähigkeit und Kraft, selber unseren Schuldigern zu vergeben. Kann die im Mittelalter in ganz Europa auf den Pilgerwegen gebetete Bitte um Vergebung – *Kyrie, eleison* – »Herr erbarme dich unser« gehört und beantwortet werden, wenn der Mensch selber erbarmungslos bleibt?

In diesem Satz des Vaterunsers spricht Christus etwas entscheidend Christliches aus. Die Barmherzigkeit des Menschen und seine lebendig geübte Möglichkeit, immer neu zu vergeben, ist die innere Voraussetzung für die aus göttlicher Gnade sich schenkende Vergebung. Wir neigen im Alltag dazu, in Bezug auf andere Menschen eine Art Schuldkonto zu führen. Wir rechnen anderen etwas zu. Wie oft machen wir dagegen Gebrauch von der Möglichkeit, einem Schuldiger zu vergeben?

Als Petrus den Christus fragt: »Herr, wie oft soll ich meinem Bruder vergeben, wenn er gegen mich sündigt – siebenmal?«, antwortet ihm Jesus: »Ich sage dir: nicht bis zu siebenmal, sondern bis zu siebenundsiebzigmal« (Matthäus 18,21 f.). Christus baut auf das Potenzial des Menschen, immer neu aus der Fülle des Herzens vergeben zu können. Rechnen sich Menschen und Völker nur ihre Schulden vor, so wachsen sie zur unendlichen Last empor. Vergeben sich Seelen und Völker, wird der Schritt von der belasteten Vergangenheit in eine Freiheit erschließende Zukunft gehen. Ganz neue Möglichkeiten des Fortschrittes entstehen. Und der vergebenden Tat des Menschen kann sich die vergebende Gnade Gottes verbinden. Auf dem Schritt in die Zukunft vermag Segen zu ruhen.

In der realistischen Weltsicht, die dem Vaterunser innewohnt, ist die irdische Existenz des Menschen notwendig mit wechselseitigen Schulden verbunden. So kann der Satz nicht lauten: »Lasse uns nicht schuldig werden«, das würde uns dem Schicksalsnetz der Menschen und der Erde entfremden. Sondern es ist eine Bitte um Vergebung, die aus der Haltung heraus gesprochen wird: »wie auch wir vergeben unseren Schuldigern«.

Die Kunst des Vergebens und die Fähigkeit des Verzeihens ist ein unmittelbares Erfordernis für die Gesundung der sozialen Verhältnisse in der nächsten Zukunft.

Und führe uns nicht in Versuchung

Dieser Satz hat durch die Jahrhunderte hindurch bis heute Menschen und Theologen beschäftigt. Er fordert das kritische Denken heraus. Friedrich Rittelmeyer schildert die Problematik, die sich für das logische Verstehen ergibt, folgendermaßen:

»Wie ist das denn: Gott führt mich doch nicht absichtlich in Versuchung, damit ich fallen soll. Dann wäre er ja kein vollkommen guter Gott. Gott sucht den Menschen, aber er versucht ihn nicht.

Soll aber gemeint sein, dass er mich erproben will, um mir meine Mängel zum Bewusstsein zu bringen und mich zu stärken, so ist das doch nur gut gemeint. Dann darf ich aber nicht dagegen beten.

Also entweder: Gott führt mich nicht in Versuchung; dann muss ich diese Bitte nicht beten. Oder aber: Gott führt mich in Versuchung; dann darf ich diese Bitte nicht beten.«[18]

Hilft uns diese Logik des zitierten Zeitgenossen weiter? Wir müssen zunächst eine grundlegende Betrachtung anstellen. Der griechische Text ist eindeutig. Eine Änderung oder Umdeutung kommt nicht infrage. Wir können auch nicht lediglich den Jakobusbrief (1,13) zitieren, in dem es heißt: »Keiner, der in Versuchung gerät, darf sagen: Meine Versuchung kommt von Gott. Denn Gott kann nicht zum Bösen verführt werden, und er führt niemanden in Versuchung.«

Das griechische Wort *peirazein* hat mehrere Bedeutungen. Es heißt Versuchen: 1.) mit dem Ziel, Menschen zum Bösen zu verführen. 2.) mit dem Ziel, Menschen auf die Probe zu stellen, durch Verführung zum Bösen ihre Widerstandskraft und ihre Bewährung zu stärken.

Im ersteren Fall wäre die Schlange der Versucher, das Subjekt, das den Menschen angreift. Das würde dem Bericht vom Sündenfall im Paradies entsprechen (1. Mose 3). Im zweiten Fall wäre Gott das Subjekt. Er prüft und erprobt den Menschen, wobei ihm der Böse dienendes Werkzeug zum Hineinführen in die Versuchung = Prüfung ist. Hier dürfte das Wort von Paulus an die Korinther – einer Stadt extremer Versuchungen – gelten (1. Korinther 10,12 f.): »Wer fest zu stehen meint, gebe also acht, dass er nicht falle. Noch hat keine andere Versuchung euch erfasst als in menschlicher Weise. Aber Gott ist treu, er wird keine Versuchung zulassen, die eure Kraft übersteigt; er wird vielmehr euer Schicksal so führen, dass ihr das, was aus der Versuchung entsteht, zu tragen vermögt.«

Deutlich wird, dass die Gottheit in ihrem Heilsplan eine andere Beziehung zum Versucher hat als der Mensch. Der Versucher gehört zum Paradies. Er ist gleichsam zugelassen. Ja, er hat sogar die Funktion, durch den Fall des Menschen die Freiheit desselben zu ermöglichen. Nur durch die Abwendung von Gott, nur durch den Fall in die materielle Welt kann der Mensch sich selbst und die Freiheit finden. Die Gottheit könnte nicht das Übertreten des Gebotes und die Abwendung selbst bewirken: Sie stünde im Widerspruch mit sich selbst.

Im Alten Testament begegnen wir schon im Buch Hiob in der Rahmenerzählung (1,1 – 2,10 und 42,7–17) dem Satan, der mit den anderen Engeln vor die Gottheit hintritt und als versuchende Macht an Hiob herantreten darf. Er bringt Unglück über Unglück, um ihn an Gott irre werden zu lassen, den Abfall von Gott zu bewirken. Der Versucher scheitert an der inneren Gewissheit Hiobs: »Ich weiß, dass mein Erlöser lebt!« (Hiob 19,25).

Im Neuen Testament ist es bewegend, dass Jesus Christus nach der Taufe im Jordan »vom Geist in die Wüste geführt« wird (Matthäus 4,1; Markus 1,12; Lukas 4,1–13), damit er vom Widersacher verführt werde. Das dreifache Bestehen der Versuchung in den 40 Tagen Einsamkeit folgt der Offenbarwerdung des Gottessohnes im Menschen.

Da wo Göttliches und Menschliches, Ideales und Reales einander berühren und anfangsweise durchdringen, tritt die Macht der Versuchung auf. Wir kennen es beim Fassen guter Vorsätze ... gleich ist der Widersacher am Werk, um den positiven Schritt zu verhindern. Satan heißt »der Hinderer«.

Also auch Christus wird hineingeführt in die Versuchung. Die Doppelnatur des Widersachers ruft die innere Vollmacht des Sohnes Gottes im Menschen Jesus mit hervor.

So ruft die Gebetsgemeinschaft durch das Vaterunser also Kräfte und Wachheit in sich herein, die es Gott möglich machen, ihr die Versuchung zu ersparen. Die Bitte um göttliche Führung, um »an den Versuchungsgefahren vorübergeleitet zu werden«[19], bekommt einen großartigen Charakter.

Wir schließen uns durch den sechsten Satz des Vaterunsers dem Aufruf Jesu Christi in Gethsemane an, der die drei engsten Jünger mahnt: »Wachet und betet, damit ihr nicht in Versuchung kommt. Der Geist ist zwar bereit, aber der Leib ist schwach« (Markus 14,38).

Noch ein Blick auf die größte Tragödie der deutschen Literatur sei erlaubt. Goethe hat in seiner zweiteiligen Dichtung des Faust an das Motiv bei Hiob angeknüpft. Mit dem Prolog im Himmel beginnt das Drama des Menschen in der geistigen Welt. Der Herr im Himmel und Mephistopheles als Verkörperung des Versuchers stehen einander gegenüber. Aus der Sicht des Versuchers ist der Mensch der »kleine Gott der Welt«, der aber seine gottgegebene Vernunft allein gebraucht, »um tierischer als jedes Tier« zu sein. Gott der Herr aber vertraut dem Menschen als seinem Ebenbild. »Wenn er mir jetzt auch nur verworren dient, / So werd ich ihn bald in die Klarheit führen.«

Der Herr lässt den Versucher zu, der – von Versuchung zu Versuchung führend – auf Erden wirkt. Letztlich gelangt Faust durch alle Versuchungen und Tragödien zu einer höheren Klarheit, zum Erlöser und der Erlösung selbst.

Wir stehen mit der sechsten Grundaussage des Vaterunsers vor dem Problem, die Macht des Versuchers aus der Sicht Gottes anzuschauen. Fassen wir als Einzelne und in der Gemeinschaft die Kraft des Gebetes zusammen, dann zielt die göttliche Antwort auf die Erlösung des Menschen aus allen Banden und Verstrickungen. Die menschheitliche Dimension liegt dem Gebet zugrunde. Das Los der gefallenen Menschheit, die durch die Versuchung als ein übermenschliches Ereignis in die Gottesferne verführt wird, kann auch nur durch das übermenschliche Ereignis der Gnade Christi überwunden werden. Die Erlösungstat durch das Mysterium von Golgatha schenkt der Menschheit die Kraft, in Gemeinsamkeit die Macht des Bösen zu überwinden.

Sondern erlöse uns von dem Bösen

Das Gebet beginnt mit der Anrufung des Vaters. Es endet mit dem Bösen. Höchste Höhe und tiefste Tiefe sind die Spannweite des ganzen Inhaltes.

Die Schulden können vergeben werden, wenn auch wir vergeben. Die Versuchung kann überwunden werden.

Das Böse ist eine hierarchische Weltmacht, die der Mensch nicht aus eigener Kraft überwinden kann. Allein Christus hatte – von der dreifachen Überwindung des Versuchers an bis zum Mysterium von Golgatha – die göttliche Vollmacht, Erlösung zu bewirken. Wir haben nicht die Kraft, uns unmittelbar dem Bösen entgegenzustellen. Wir bedürfen erst der Erkraftung und inneren Stärkung durch die Zuwendung zu Christus und zum Vater, um in der Auseinandersetzung bestehen zu können.

Aber zunächst sei noch zum Bösen selbst einiges gesagt. Dem heutigen Bewusstsein ist die Doppelnatur des Bösen weitgehend entschwunden. So denken wir meist dualistisch im Gegensatz Gut – Böse. Das wird weder der Wirklichkeit noch dem Neuen Testament gerecht. Richtiger ist es, dreigliedrig zu denken: Böse – Gut – Böse.

Das Neue Testament spricht vom Diabolos und dem Satan. Diabolos ist der »Durcheinanderwerfer«; Satan ist der »Widersacher«, der »Hinderer«. Die Geisteswissenschaft Rudolf Steiners nennt die Polarität »Luzifer« und »Ahriman«.[20]

Versuchen wir eine einfache gedankliche Annäherung. Suche ich den verantwortlichen Umgang mit Geld, habe ich bereits die Mitte zu finden zwischen Verschwendung und Geiz. Suche ich die Tugend der Tapferkeit, zeigt sie sich in der Mitte zwischen Tollkühnheit und Feigheit. Suche ich die polare Wirkung dieser Weltenkräfte im Pathologischen bei Erkrankungen, dann erweist sich die Gesundheit als Mittellage zwischen fiebrig auflösenden und sklerotisch verhärtenden Tendenzen. Vom rechten Wege kann ich nach zwei Seiten abkommen.

Wer versucht, die Welt trinitarisch – in Dreiheiten – zu denken, wird sowohl zum Guten als auch zum Bösen in seiner Doppelnatur ein neues Verhältnis finden. Hinzu kommt noch der Gesichtspunkt, dass das Böse in seiner Doppelgestalt immer zusammenwirkt. Ihm wohnt die Tendenz inne, keinen Freiraum, keine Mitte, kein Gutes entstehen zu lassen. So muss in jeder Lebenssituation neu entschieden werden, was jeweils das Richtige und Gute zwischen zwei Extremen, dem einen »Zuviel«, dem anderen »Zuwenig« ist.

Stellen wir uns auf den üblichen Standpunkt des dualistischen Gegensatzes von Gut und Böse, erliegen wir der Gefahr, im Namen des Guten gegen das Böse zu kämpfen. Da würde der Mensch die Erfahrung machen, dass er nicht stark genug dazu ist, und eine Ohnmacht nach der anderen erleben.

Ein Bild mag dies erläutern: Bei alten Darstellungen des Kampfes Michaels mit dem Drachen schaut der Erzengel Michael den Drachen nicht an, er blickt nach vorne, er hält mit sicherem Griff seine Lanze, und der Drache windet sich unter ihm. Es ist kein Kampf gegen den Drachen, sondern ein geradeaus auf Christus Blicken und die volle geistige Kraft auf das Gute Konzentrieren: Das hält der Böse nicht aus, da windet er sich und weicht. Daher sagt die Bergpredigt: »Ich aber sage euch: Widersetzt euch nicht dem Bösen« (Matthäus 5,39).

Nichts wäre dem Widersacher lieber, als wenn man sich ihm mit vollem Interesse zuwendete. Dann könnte er Raum in der Seele einnehmen und sie in seinen Bann schlagen – und in eine direkte Auseinandersetzung eintreten, die letztlich dem Menschen seine Schwäche zeigt. Wer aber alle Aufmerksamkeit auf das Sinnvolle, Fruchtbare und Gute richtet, der hat Anteil an der erlösenden Wirkung und bemerkt, wie der Versucher weicht.

Die Erlösung ist durch Jesus Christus mit dem Tod am Kreuz und der Auferstehung geschehen. Sie ist aber darauf angewiesen, dass der Mensch sich im Gebrauch seiner Freiheit so verhält, dass die erlösende Wirkung auch ihn selbst erreichen kann.

»Erlöse uns«, ist der Anruf auf die volle Gnadenwirkung

Christi. Ergreife ich aber in Gemeinsamkeit mit all denen, die sich dem Gebet verbinden, die innere Freiheit der vollen Zuwendung zu Gott als dem Erlöser, dann wirkt sich die Gnade bereits aus, <u>dann bin ich frei und fähig, mich für das Gute zu entscheiden. Dann habe ich meine Mitte in mir selbst gefunden.</u> Das Griechische *ho poneros*, das an dieser Stelle für das Böse (bzw. der Belaster, der Schlaue) steht, kommt von *ponos*, d.h. Last, Mühsal, Bedrückung, Bedrängung. Die erlösende Wirkung erweist sich also im Entlasten, im Weichen alles Bedrückenden, in der wiedererrungenen Freiheit des Ich und des Wir.

Mit dem siebten Satz hat das Vaterunser sein Ende und Ziel erreicht. Die erste Dreiheit der Sätze, dem Himmel zugewandt, und die folgende Vierheit, der Menschen- und Erdenwelt zugewandt, hat sich im Beten siebenfach entfaltet und die Seele des Einzelnen wie die Seele der Gemeinde anfangsweise verwandelt.

Die Doxologie

Denn dein ist das Reich,
die Kraft
und die Herrlichkeit
in Ewigkeit
Amen.

Der dreifache Zusatz der sogenannten Doxologie ist nicht im Wortlaut des Vaterunsers enthalten, wie es das Evangelium als Stiftung Jesu Christi im siebten Abschnitt der Bergpredigt enthält. Es ist ein Zusatz, der in der ganz frühen betenden Gemeinde entstand und Antwortcharakter hat. Schon in der Didache, der Lehre der zwölf Apostel, die um das Jahr 90 oder 100 nach Christus aufgezeichnet wurde, ist sie enthalten.[21]

Wenn das Vaterunser innerhalb der Menschenweihehandlung der Christengemeinschaft zwischen der Wandlung und der Kommunion als Gebet der Gemeinde gesprochen wird, wird es so gebraucht, wie es die Stiftung Jesu Christi wiedergibt.

Bei Predigten, Vesper- und Abendgottesdiensten der Christengemeinschaft jedoch wird vielfach die Doxologie hinzugebetet.

Die Denkart innerhalb des Zusatzes umschreibt die Wesensmacht des Vaters im Reich (*baßiléja*), die Schaffensmacht des Sohnes (*dýnamis*) und den Lichtesglanz des Geistes (*doxa*). Die Dreiheit Sein – Werden – Erkennen erfüllt damit das Bewusstsein der Gemeinschaft der Betenden. Wie ein Echo voller Dank, ein Hymnus aus erfüllter Seele schließt die Doxologie das Vaterunser ab.

Ausklang

Im Vorliegenden haben wir das Vaterunser angeschaut. Seine Stiftung im Zusammenhang der Bergpredigt, die ihm vorausgehende Unterweisung Jesu Christi über das Wie des Betens und die Siebenheit der Grundaussagen des Gebetes selbst wurden bewegt.

In der Christengemeinschaft taucht dieses Gebet im Leben eines Menschen erstmals in der Menschenweihehandlung auf, die auf das Sakrament der Konfirmation im vierzehnten Lebensjahr folgt. Die Motive des zweiten Teiles des Gebetes setzen die in diesem Alter eintretende Erdenreife voraus. Dann kann es das ganze Leben begleiten. Es ist durch nichts ersetzbar. Bei allen inneren Bemühungen sollte es den tragenden Grund bilden. Es gliedert, wie schon ausgeführt, den einzelnen Beter in die Gebetsgemeinschaft all derer ein, die sich mit diesem Gebet an den Vater aller Menschen auf Erden wenden – das Vaterunser ist ein Menschheitsgebet.

Wenn diese kleine Schrift Herzen bewegt, es mit diesem Gebet zu versuchen und sich in innerer Freiheit dazu zu entschließen, Beter des Gebetes zu werden, ist eine Hoffnung erfüllt. Die Zukunft wird nur dann menschlicher werden, wenn Menschenseelen ihre geistige Bestimmung wieder ergreifen und einen inneren Beitrag zur Änderung der Verhältnisse in der Welt leisten.

Anmerkungen

1 Siehe dazu: Johannes Lenz: *Ihr seid das Salz der Erde. Die Bergpredigt heute*. Stuttgart 1996.
2 Johann Arndt: *Vier Bücher vom wahren Christentum*. Bd. 2. Frankfurt a.d.O. 1840. S. 20.
3 Novalis: *Schriften*. Bd. 2. Jena 1907. S. 297.
4 Thomas de Aquino: *Summa theologiae*. Bd. 2. Tübingen 1984. S. 2.
5 Zitiert wird in der Regel nach der Übersetzung des Neuen Testamentes durch Heinrich Ogilvie (Stuttgart 1996). Auf Abweichungen davon wird an den entsprechenden Stellen hingewiesen.
6 Formulierung hier angelehnt an G. E. Lessing und dessen religionsphilosophische Schrift *Die Erziehung des Menschengeschlechts* (1780).
7 Die linke Seite steht als Herzensseite für das Verstehen, die Spiritualität, während die rechte Seite mit der Sinnenwelt in Verbindung gebracht wird. Mehr dazu z.B. in: Johannes Lenz: *Ihr seid das Salz der Erde. Die Bergpredigt heute*. Stuttgart 1996.
8 Begriff Rainer Maria Rilkes.
9 Dieses Zitat folgt der Einheitsübersetzung (1980).
10 »Wenn ihr betet, sollt ihr nicht plappern wie die Heiden«, heißt es in Matthäus 6,7 nach der Einheitsübersetzung.
11 Nach Martin Luther wird in der Bergpredigt die Seligpreisung derer, die den Frieden schaffen, mit »Gottes Kinder sollen sie heißen« übersetzt, obwohl »Söhne Gottes« dasteht. Es ist jedoch von einem qualitativen Unterschied zwischen »Kindschaft« und »Sohnschaft« auszugehen, z. B. wegen der Nähes des Letzteren zum Begriff »Menschensohn«.
12 »Christus sagt: ›Battalogisiert nicht!‹, das hieße: Zerdrückt, zertrümmert nicht die Kraft des Logos ...« (Karl Friedrich Althoff: *Das Vaterunser. Die Wortgestalt des Menschheitsgebetes auf ihrem Weg durch die Kulturen der Völker*. Stuttgart 1978.)

13 Karl Friedrich Althoff: *Das Vaterunser*, S. 77. Vollständige Angabe siehe Anm. 12.
14 Ihm gehen außerdem achtundzwanzig Worte voraus, achtundzwanzig folgen: Es bildet also auch zahlenmäßig die Mitte. Vgl. Althoff, ebd.
15 Die Transkription des Griechischen bzw. Russischen richtet sich nach Althoff, der in seinem Buch S. 80–91 ausführlich auf das Wort *epioúßion* eingeht.
16 Ebd. S. 90.
17 Simone Weill: *Zeugnis für das Gute*. S. 64.
18 Friedrich Rittelmeyer: *Das Vaterunser. Ein Weg zur Menschwerdung*. Stuttgart ^{6}1998. S. 124.
19 Ebd. S. 126.
20 Vgl. zu dem Folgenden Hans-Werner Schroeder: *Der Mensch und das Böse*. Stuttgart ^{2}1990.
21 *Fontes Christiani*. Bd. 1: *Didache. Zwölf-Apostel-Lehre*. Übers. und eingeleitet von Georg Schöllgen. Freiburg 1991.

Johannes Lenz

Ein Leib und viele Glieder
Was ist eine christliche Gemeinde?

62 Seiten, 8-seitiger Bildteil, kartoniert

In unserer Zeit ist die Verwirklichung des Einzelnen ein wichtiges und berechtigtes Ziel geworden. Viele Menschen möchten vor allem ihr ganz eigenes, individuelles Leben führen. Doch andererseits fühlen wir uns den Aufgaben der Menschheit gegenüber oft machtlos. Was kann man allein schon bewirken?

Wenn Menschen mit einem gemeinsamen Anliegen zusammenfinden, kann es jedoch geschehen, dass sie zu einem lebendigen Ganzen werden, in dem noch andere Kräfte als die des Einzelnen zum Tragen kommen.

Was aber macht eine Gemeinschaft zu einer christlichen Gemeinde? Wie kann im 21. Jahrhundert eine lebendige und moderne Gemeinde entstehen? Was bedeutet sie für den Einzelnen? Und worin besteht das Verbindende, das in alle Bereiche des Lebens zu wirken vermag?

URACHHAUS

Johannes Lenz

Melchisedek und das Hohepriestertum Jesu Christi
Eine Betrachtung zu dem biblischen Eingeweihten

87 Seiten, 8-seitiger Bildteil, kartoniert

Zwei Stellen im Alten Testament berichten von der rätselhaften Gestalt des Melchisedek. In der heutigen Theologie werden sie kaum beachtet; doch sie sind – in ihrer Knappheit – von großer Bedeutung. Bedeutsam ist auch der Platz, den Darstellungen Melchisedeks in frühchristlichen Kirchen einnehmen.

Johannes Lenz zeigt in dieser Studie, dass Melchisedek zu den großen Eingeweihten gehört und – indem er Abraham 2000 Jahre vor Christus die kultischen Gaben von Brot und Wein spendet – auf das Hohepriestertum Jesu Christi vorausweist. Zudem kann er als Vorbild eines neuen, zeitgemäßen Priestertums gelten.

URACHHAUS